AF388781

# PROCÈS-VERBAL

## DE

# L'INAUGURATION

## DU NOUVEAU TEMPLE

De la R∴ L∴ de St-Jean sous le titre distinctif de LA PARFAITE HARMONIE, à l'Or∴ de Lyon.

# PROCÈS-VERBAL

## DE

## L'INAUGURATION

### DU TEMPLE

De la R∴ L∴ de St-Jean sous le titre distinctif de LA PARFAITE HARMONIE, à l'Or∴ de Lyon ;

Le 10.ᵉ jour du 9.ᵉ mois de l'an de la V∴ L∴ 5805.

## DE L'IMPRIMERIE

Des FF∴ PELZIN et DREVON, Imprimeurs des RR∴ LL∴ Régulières de l'Or∴ de Lyon, Port du Temple, Hôtel du Languedoc, N.° 43.

5805.

# PROCÈS-VERBAL

## DE

## L'INAUGURATION

### DU TEMPLE

*De la R∴ L∴ de St-Jean sous le titre distinctif de la*
*Parfaite Harmonie, à l'Or∴ de Lyon.*

---

Du 10.ᵉ jour du 9.ᵉ mois de l'an de la V∴ L∴ 5805.

## AU NOM DU G∴ A∴ DE L'U∴,

*Et sous les auspices de Son Altesse Impériale Mon-*
*seigneur le Prince JOSEPH, Grand-Maître*
*du G∴ O∴ de France.*

Les M∴ R∴ composant la respectable L∴ de la
Parfaite Harmonie, réunis pour la célébration de la
Fête Inaugurale du nouveau Temple qu'ils ont élevé à
l'A∴ S∴ D∴ l'U∴; le F∴ Martin éclairant l'Orient,
le F∴ *Gonon* la colonne du Sud, et le F∴ *Lieutaud*
celle du Nord; le F∴ Martin a ouvert les travaux d'Apprenti à la manière accoutumée.

( 4 )

Ont été successivement introduites les Députations de la
L∴ de LA PARFAITE UNION,      *Orient de Grenoble;*
    de LA CONCORDE, . .      *Orient de Vienne;*
    de LA BONNE AMITIÉ, . ⎫
    DU PARFAIT SILENCE, . ⎬ *Orient de Lyon.*

Le Vénérable a adressé à toutes en général et à chacune en particulier, l'expression des sentimens de cette
amitié vive et pure dont la valeur ne peut être appréciée
que par les vrais Maçons ; et une triple acclamation a
couvert leurs réponses, dictées par le cœur et exprimées
avec l'éloquence du sentiment.

Ont été ensuite introduits les FF∴ FAY-SATHONNAY, maire
de Lyon ; PERNON, tribun ; BÉRAUD, juge de la Cour
d'appel ; et un grand nombre d'autres FF∴ de toutes
professions, Maçons anciens et zélés, qui s'empressent
de venir assister à la réédification des Autels de la vertu
Maçonnique.

Le Vénérable, après avoir payé à chacun d'eux le juste
tribut d'éloges dû aux grandes vertus et aux grands talens
qu'ils consacrent au bonheur de la société, a demandé au
F∴ Orateur quel était l'objet de la réunion. Celui-ci a ré-
pondu qu'elle avait été convoquée pour l'inauguration du nouveau Temple, et la réception d'un profane au grade d'Apprenti.

Aussitôt on a procédé à l'initiation du profane, suivant
les formes et par les épreuves usitées ; et le F∴ *Fortis*,
orateur, a, dans un discours éloquent, tracé au néophyte
l'histoire de la Franc-Maçonnerie, et la règle des devoirs
qu'elle impose à ses adeptes. Cette pièce d'architecture a

été couverte des plus vifs applaudissemens, et sera déposée aux archives.

Le V∴ a fermé la Loge, et tous les FF∴ se sont rendus dans la grande salle de compagnie.

## DESCRIPTION DU NOUVEAU TEMPLE.

Le Temple qu'on a inauguré, représente un carré long, dont une extrémité est arrondie; ce qui le divise en deux parties, la Nef et le Sanctuaire. La Nef a 42 pieds de longueur sur 22 pieds de largeur, et le Sanctuaire 10 pieds de profondeur; le tout surmonté de voûtes hardies, portées par 18 colonnes, dont 12, d'ordre corinthien, forment la Nef, et supportent un entablement garni, dans toutes ses surfaces, des ornemens analogues à cet ordre, et de ceux tirés de la frise du Temple d'Antonin et de Faustine. Les colonnes sont détachées du mur, leurs chapitaux taillés à feuilles d'olive et en mat, le fût uni et poli en stuc de couleur de marbre blanc statuaire. Les siéges sont placés dans l'intervalle des colonnes. Les portes sont en bois d'acajou, à panneaux d'érable et à moulures; serrures et gonds dorés. Les marteaux sont figurés par des lyres également dorées. Au-dessus de la porte, et dans l'entablement formant saillie sous l'arc elliptique de la voûte, est placé un bas-relief presque rond de bosse, représentant le groupe d'Orphée apprivoisant les monstres des forêts par les sons mélodieux de sa lyre.

Le Sanctuaire est recouvert d'une demi-coupole divisée en compartimens, dans chacune des cases desquels est encadrée une rosasse , et qui vont, en convergeant, de la corniche jusqu'à une guirlande centrale fixée par des bandelettes. Six colonnes d'ordre ïonique grec, et à demi-saillantes hors du mur, soutiennent la coupole, et laissent entre elles des intervalles pour les siéges de l'Orient. Le trône est placé entre les deux colonnes centrales. Un zodiaque sculpté entoure l'Étoile flamboyante. Deux lyres en or surmontent les astres du jour et de la nuit.

Les trois candelabres, en bronze , à reliefs dorés, de 6 pieds de haut, sont exécutés d'après le modèle de ceux de Sainte-Croix de Jérusalem, figurés dans les ouvrages gravés qui traitent des chef-d'œuvres de l'antiquité.

Le Temple est précédé d'un porche à colonnade d'ordre dorique, formant un carré parfait.

L'exécution de ce bel ouvrage d'architecture est dûe au génie du F∴ Cochet, architecte distingué, qui trouve dans la reconnaissance de la Loge un prix non moins flatteur que ceux qui lui ont été si souvent et si justement décernés par les académies de France et d'Italie, pour les belles productions dont il a enrichi son art.

Tous les FF∴ étant réunis sur deux colonnes, par rang de grade et d'âge, le Vénérable en tête, le cortége a défilé, au son de l'harmonie, jusque dans le porche, où les cérémonies préparatoires ont eu lieu suivant l'usage. Après quoi, les portes du Temple se sont ouvertes, le cortége y est entré dans le même ordre, et l'on a procédé à l'Inauguration. L'harmonie a exécuté la CANTATE suivante, dont chaque strophe est appliquée aux divers emblèmes de l'objet de la Fête.

# ( 7 )

## CANTATE.

*Paroles du F∴ MARTIN, musique du F∴ VALTER.*

### I.

#### CHŒUR GÉNÉRAL.

Unique objet de nos concerts,
Architecte éternel de ce vaste Univers,
Toi qui donnas d'un mot la vie à la matière,
Répands sur nos travaux les flots de ta lumière!

### I I.

Sur le seuil de ce Temple à ton nom consacré,
Les Maçons prosternés implorent ta puissance;
Symbole du courage et de la bienfaisance,
Fais des flancs du caillou jaillir le Feu sacré!

#### CHŒUR GÉNÉRAL.

Unique objet etc.

### I I I.

Tout passe, tout fléchit sous la faux redoutable
Du temps qui fuit toujours, sans s'éloigner jamais,
L'herbe végétera sur le sol des palais;
Le Ciment des vertus est seul impérissable.

#### CHŒUR GÉNÉRAL.

Unique objet etc.

( 8 )

### I V.

Ce n'est que dans tes nœuds, ô divine Harmonie,
    Qu'on trouve la félicité.
Tu diriges le goût, tu règles le génie,
Tu fais de la vertu ressortir la beauté.
A la tendre amitié tu donnas la naissance ;
Sans toi, l'amour n'est plus qu'un desir passager,
Caprice du moment, météore léger,
    Qui s'éteint dans la jouissance.

### V.

Enfans d'Hiram, livrons-nous aux transports
    D'une alégresse vive et pure ;
L'Être infini, le Dieu de la nature,
Entend nos vœux et bénit nos efforts.

### V I.

Loin des regards du profane vulgaire,
    Quand notre encens fume pour l'amitié,
    N'oublions pas que l'auguste pitié,
Dans le cœur des Maçons, trouve son sanctuaire.

### V I I.

D'un Monarque adoré la secourable égide,
Couvre nos ateliers, protége nos travaux ;
Celui dont la vertu nous éclaire et nous guide,
Est à la fois le frère et l'ami du Héros.

## CHŒUR GÉNÉRAL.

Unique objet de nos concerts,
Architecte éternel de ce vaste Univers,
Toi qui donnas d'un mot la vie à la matière,
Au gré de nos souhaits prolonge leur carrière !

Le Vénérable a prononcé le discours suivant.

### MM.·. TT.·. CC.·. FF.·.,

« Dans toutes les régions habitées, par tout où il existe des êtres intelligens, l'idée d'un Dieu créateur est la base de tous les codes de morale et de tous les pactes sociaux. Le mot de Providence divine est le premier du vocabulaire de la raison. Les religions ne diffèrent que par la nature des allégories, et par la variété des usages et des mœurs. Elles ont toutes le même objet et la même fin. Les rapports qu'elles établissent entre le créateur et la créature, tendent, d'une manière plus ou moins parfaite, à opposer un frein au droit du plus fort, à consolider l'empire de la vertu, à élever une digue contre le torrent des vices et des passions, à démontrer enfin la vérité de ce beau mot de Platon : *Nous ne sommes pas nés pour nous, mais pour les autres hommes et pour la patrie.*

» Mais on ne peut nier que les passions humaines n'aient souvent altéré les principes religieux ; que l'abus de la force, l'ambition, la flatterie, n'aient dénaturé les règles de la morale universelle ; et qu'on ne retrouve leur empreinte dans les simulacres inventés par les hommes pour représenter quelques-uns des attributs de la Divinité, et dans les cérémonies du culte qu'ils lui ont consacré.

» Aux yeux du sage, le simple hommage du juste, le denier de la veuve, ont plus de valeur que les hosties fastueuses de l'opulence, que les victimes engraissées par l'oppresseur. Aux yeux de la multitude, au contraire, plus l'hommage est éclatant, plus l'autel attire le respect; et le Dieu qui lance la foudre, a plus d'adorateurs que celui qui remet les offenses.

» C'est l'expérience de cette vérité, c'est la connaissance du cœur humain, qui inspirèrent aux premiers législateurs des nations l'heureuse idée d'attacher les hommes à l'observation des préceptes de la morale, en les enchaînant à la pompe des sacrifices, à la magie des symboles et des allégories : heureuse combinaison de la sagesse, qui fait contribuer les jouissances des sens à la conservation des principes de la vertu, et qui répand les richesses de la nature et de l'art dans les sentiers du devoir !

» La société à laquelle nous appartenons, n'avait pas besoin de ces ressources vulgaires. Son culte, épuré par des idées plus nobles, par des conceptions plus sublimes, n'eut jamais d'autre base que la connaissance de l'Intelligence unique qui a créé l'univers, et qui préside à la conservation des êtres. Les lois sociales, les devoirs qui lient les peuples aux peuples, les individus aux individus, ne furent jamais à ses yeux que les conséquences de l'harmonie générale qu'elle a établie. Et cependant elle admit aussi les rites et les cérémonies mystérieuses : mais elle ne les employa que pour éprouver ses adeptes, pour s'assurer si leurs cœurs et leurs esprits étaient préparés à recevoir les grandes, les simples vérités dont ils devaient être les dépositaires.

» Aussi vous remarquerez que, dans notre manière d'adorer l'Architecte suprême de l'univers, à côté des chants de la reconnaissance, nous plaçons toujours les concerts de l'aumône et de la charité, et que nos hommages se composent plus de bonnes actions, de services mutuels, que de promesses et de paroles.

» Nous cultivons et nous encourageons les arts, parce qu'ils servent aux besoins de l'humanité plus encore qu'aux jouissances du luxe. Nous pensons que la source de leur perfection consiste dans l'imitation des modèles que la nature leur fournit, et sur-tout dans cette harmonie de composition qui permet de saisir d'un coup d'œil l'utilité des détails, et la nécessité des ornemens qu'ils emploient.

» Le Temple que nous inaugurons en ce jour, est l'ouvrage d'un F∴ dès long-temps initié à ces règles d'un goût pur et sévère. Son architecture, élégante dans sa simplicité, rappelle les monumens des siècles de Périclès et d'Auguste. Honneur à celui qui dans ses conceptions s'élève au-dessus d'une routine aveugle et barbare, et cherche sous les murs abattus d'Athènes et de l'ancienne Rome, les trésors des arts, pour en enrichir sa patrie !

» Mes FF∴, un édifice plus majestueux et plus important que ceux qui sont construits avec le marbre et la chaux, a été ébranlé jusque dans ses fondemens : le monde moral, agité par le volcan des révolutions, a été sur le point de se dissoudre; le torrent débordé des crimes, a un instant inondé le sol de notre pays; le sang de la vertu a ruisselé sur nos places publiques; la licence la plus effrénée, marchant sous les drapeaux d'une égalité chimérique, a brisé tous les liens de l'ordre et de la justice; et, pour comble de calamités, le froid égoïsme est venu s'asseoir au milieu des tombeaux et des ruines.

» Quel homme, quel génie a retenu la France sur les bords de l'abyme? Quel est celui dont le bras puissant et secourable a en même temps relevé les autels de la vertu et de l'amitié, enchaîné le crime, terrassé les factions, reforgé le frein des lois, recréé la morale publique, et conservé au dehors la gloire d'une nation dont il fait le bonheur? Cet homme, c'est le héros pour lequel la reconnaissance des Français a relevé le trône de Charlemagne; c'est le guerrier, le législateur, l'ami de l'humanité, pour lequel l'histoire réserve ses pages les plus brillantes.

» Tandis que de nouveaux ennemis lui préparent de nouveaux triomphes; tandis que les phalanges du nord fuient en sa présence comme les feuilles desséchées devant les fils de l'Air, et semblent ne s'être réunies que pour faire dire de lui, avec plus de vérité que du premier César, qu'il est venu pour voir et pour vaincre; adressons au Dieu de l'univers des vœux ardens pour la prolongation de ses jours sacrés, et pour que les étoiles de la paix viennent mêler leur douce lumière à la brillante auréole dont la gloire entoure son front. Faisons mieux encore : secondons ses intentions généreuses et bienfaisantes; répandons au sein de la société l'exemple des vertus sur lesquelles reposent le bonheur des nations et la paix des familles; prêchons par nos actions le culte de l'amitié sainte; que la charité secourable et modeste trouve en nous ses plus ardens sectateurs; excitons nos semblables à l'oubli des injures, au silence des passions vindicatives, à la fidélité aux lois du Prince, qui n'accorde sa protection à notre Ordre que parce qu'il connaît la pureté de nos principes.

### INVOCATION.

» Architecte suprême de l'univers, Toi dont le regard embrasse toute la nature; Toi qui as semé les mondes dans l'espace, et qui les retiens dans les bornes que tu leur as fixées au sein de l'infini; Être créateur et conservateur, ta bonté s'étend à tout ce qui existe! Veille sur la conservation de cette réunion d'hommes qui t'adorent, qui te voient dans tes ouvrages, sans oser aspirer à connaître ton essence! Providence éternelle, reçois les vœux de tes enfans, et fais que la morale qu'ils reçurent de leurs ancêtres, soit transmise sans tache à leurs derniers neveux!!! »

Le F∴ *Grognier*, dans une instruction aussi profondément pensée qu'élégamment écrite, s'est attaché à démontrer les effets et les concordances de l'harmonie physique et de l'harmonie morale, et à développer le sens allégorique de la fable d'Orphée. Le F∴ *Fortis* a donné une notice savante sur l'architecture du temple d'Antonin pie et de Faustine, dont la coupe et les ornemens ont servi de modèle à celui que la Loge vient d'inaugurer.

Le F∴ Trésorier a recueilli le tribut des pauvres, et le V∴ a fermé la Loge suivant les formes ordinaires.

Un banquet splendide a ensuite réuni tous les FF∴, au nombre de plus de 200. Des santés nombreuses y ont été portées à notre auguste Monarque, au chef de la Maçonnerie française, au Grand Orient de France, et à tous les objets de la confiance et de la vénération des amis de la vertu.

Plusieurs FF∴ ont ajouté aux plaisirs de cette mémorable journée, en chantant des couplets maçonniques, parmi lesquels on a remarqué les suivans, qui ont été chantés par les FF∴ *Labit* et *Bordes.*

*S*ANTÉ *au* T∴ C∴ F∴ V*én.*∴*, chantée par le F*∴ B*ordes.*

A I R : Femmes, voulez-vous éprouver.

Si l'encens doit appartenir
Au plus instruit, au plus aimable,
Amis, nous ne pouvons l'offrir
Qu'à notre illustre Vénérable.
D'amour, de gaieté, de raison,
Chez lui, le mélange nous frappe,
Et c'est l'esprit d'Anacréon
Avec le savoir d'Esculape.

Cet aimable régulateur
Nous dirige dans la carrière ;

Par lui, le bandeau de l'erreur
Cède aux rayons de la lumière.
Pour faire honneur à sa santé,
Qu'on donne la liqueur d'élite ;
Il faut boire avec volupté,
Lorsque l'on boit au vrai mérite.

Long-temps un voile ensanglanté
Enveloppa notre hémisphère :
Mais l'Acacia respecté
Ombragé de nouveau la terre.
Pour l'affermir, bientôt la paix,
Sur les ailes de la victoire,
Va, d'un Héros cher aux Français,
S'il se peut, augmenter la gloire.

COUPLET *pour la même Santé, musique du* F∴ LABIT,
*et chanté par lui.*

Le vieux Salomon n'est point mort ;
Aujourd'hui chacun est d'accord
Que son trépas est une fable.
Sa haute sagesse et ses traits
Respirent, sous un teint plus frais,
Dans notre auguste Vénérable.

*Autres* COUPLETS, *chantés par le* F∴ LABIT.

AIR : Il a donc fallu, pour la gloire.

Tandis que, cédant à l'ivresse
De la fortune et du plaisir,
Un profane poursuit sans cesse
Le bonheur qu'il ne peut saisir ;

Guidé par les feux du génie,
Sans s'écarter du sentier de l'honneur,
Un vrai Maçon sait trouver le bonheur
Dans le Temple de *l'Harmonie.*

Ici, la douce bienfaisance
Porte un voile mystérieux ;
La main qui secourt l'indigence,
Se cache en faisant des heureux.
De l'orgueil la triste manie
Corrompt ailleurs tout le prix des bienfaits ;
Mais elle n'eut jamais aucun accès
Dans le Temple de *l'Harmonie.*

Le nord en vain contre la France
A déployé ses étendards ;
Lorsque Napoléon s'avance,
On voit fuir l'aigle des Césars.
Tout doit céder à son génie :
Il sait par tout moissonner des lauriers ;
Et la victoire a choisi ses guerriers
Dans le Temple de *l'Harmonie.*

Lorsque la paix tant desirée
Sera le fruit de ses travaux ;
Lorsque l'Europe rassurée
Pourra jouir d'un doux repos ;
L'arbre de la Maçonnerie
De ses rameaux couvrant tous les pays
Les fils d'Hiram seront tous réunis
Dans le Temple de *l'Harmonie.*

Maçons, qui regrettez l'absence
De ce sexe dont les attraits

Embelliraient par leur présence
Et nos fêtes et nos banquets,
Malgré le secret qui nous lie,
Consolez-vous ; car nous pourrons un jour,
Sans aucun risque, introduire l'Amour
Dans le Temple de *l'Harmonie.*

*Couplet improvisé.*

Il faut aussi de notre Maire
Porter la Santé dans ce jour ;
Des Lyonnais il est le père,
Il est l'objet de leur amour.
De Napoléon le génie
Devine ainsi les modestes vertus,
Pour consacrer leurs utiles tributs
Dans le Temple de *l'Harmonie.*